LEVEL 3

사이언스 리더스
**고래의 위대한 대이동**

로라 마시 지음 | 조은영 옮김

비룡소

**로라 마시 지음** | 20년 넘게 어린이책 출판사에서 기획 편집자, 작가로 일했다. 내셔널지오그래픽 키즈의 「사이언스 리더스」 시리즈 가운데 30권이 넘는 책을 썼다. 호기심이 많아 일을 하면서 책 속에서 새로운 것을 발견하는 순간을 가장 좋아한다.

**조은영 옮김** | 어려운 과학책은 쉽게, 쉬운 과학책은 재미있게 옮기려는 과학책 전문 번역가이다. 서울대학교 생물학과를 졸업하고, 같은 대학교 천연물대학원과 미국 조지아대학교에서 석사 학위를 받았다.

**내셔널지오그래픽 키즈 사이언스 리더스
LEVEL 3 고래의 위대한 대이동**

1판 1쇄 찍음 2025년 8월 20일  1판 1쇄 펴냄 2025년 9월 15일
지은이 로라 마시  옮긴이 조은영  펴낸이 박상희  편집장 전지선  편집 임현희  디자인 천지연
펴낸곳 (주)비룡소  출판등록 1994.3.17.(제16-849호)  주소 06027 서울시 강남구 도산대로1길 62 강남출판문화센터 4층
전화 02)515-2000  팩스 02)515-2007  홈페이지 www.bir.co.kr  제품명 어린이용 반양장 도서  제조자명 (주)비룡소
제조국명 대한민국  사용연령 3세 이상  ISBN 978-89-491-6955-2 74400 / ISBN 978-89-491-6900-2 74400 (세트)

**NATIONAL GEOGRAPHIC KIDS READERS LEVEL 3
GREAT MIGRATIONS WHALES by Laura Marsh**
Copyright ⓒ 2010 National Geographic Partners, LLC.
Korean Edition Copyright ⓒ 2025 National Geographic Partners, LLC.
All rights reserved.
NATIONAL GEOGRAPHIC and Yellow Border Design are trademarks of
the National Geographic Society, used under license.
이 책의 한국어판 저작권은 National Geographic Partners, LLC.에 있으며, (주)비룡소에서 번역하여 출간하였습니다.
저작권법에 의해 한국 내에서 보호를 받는 저작물이므로 무단 전재와 무단 복제를 금합니다.

**사진 저작권**  Cover, Hiroya Minakuchi/Minden Pictures/NGS; Background water image throughout, Michael Jay/IS; Whale of a Word throughout: Andrea Danti/SS; 1 (center), Flip Nicklin/Minden Pictures/NGS; 2 (right), Patricio Robles Gil/Minden Pictures/NGS; 4 (right), Flip Nicklin/Minden Pictures/NGS; 5 (bottom), NGT; 5 (top), John Eastcott & Yva Momatiuk/NGS; 6 (top), Rob Wilson/SS; 6 (center), Mopic/SS; 6 (bottom), Hugh Lansdown/SS; 7, Peter G. Allinson, M.D./NGS; 8-9, Peter G. Allinson, M.D./NGS; 10-11, Flip Nicklin/Minden Pictures/NGS; 12 (top center), Flip Nicklin/Minden Pictures/NGS; 13 (center), Camilla Wisbauer/IS; 14-15 (bottom center), Flip Nicklin/Minden Pictures/NGS; 16-17 (top center), Flip Nicklin/Minden Pictures/NGS; 18-19 (top right), Flip Nicklin/Minden Pictures/NGS; 19 (center), Flip Nicklin/Minden Pictures/NGS; 20-21, Flip Nicklin/Minden Pictures/NGS; 22, Mike Kelly/The Image Bank/GET; 23 (top), Brigitte Wilms/Minden Pictures/NGS; 23 (center), DJ Mattaar/SS; 23 (bottom), Jason Edwards/NGS; 25, Flip Nicklin/NGS; 26-27, Flip Nicklin/NGS; 28-29, Hiroya Minakuchi/Minden Pictures/NGS; 30-31 (center), Jason Edwards/NGS; 32 (top left), Hiroya Minakuchi/Minden Pictures/NGS; 32 (bottom right), NGT; 32 (left center), NGT; 32 (right center), Flip Nicklin/Minden Pictures/NGS; 32 (bottom left), Flip Nicklin/Minden Pictures/NGS; 32 (top right), Flip Nicklin/NGS; 33 (top left), Flip Nicklin/Minden Pictures/NGS; 33 (top right), Hiroya Minakuchi/Minden Pictures/NGS; 33 (left center), NGT; 33 (bottom), Flip Nicklin/NGS; 33 (bottom right), Flip Nicklin/Minden Pictures/NGS; 34 (bottom left), Ivanova Inga/SS; 35 (top), Hiroya Minakuchi/Minden Pictures/NGS; 36 (bottom center), Brian Skerry/NGS; 37 (bottom right), Tyson Mackay/All Canada Photos/GET; 38-39 (top), Hiroya Minakuchi/Minden Pictures/NGS; 38 (bottom), Jiri Rezac/Greenpeace; 40 (left), Igor Stevanovic/SS; 41 (center), Flip Nicklin/Minden Pictures/NGS; 43, Flip Nicklin/Minden Pictures/NGS; 44, Randy Faris/Corbis; 44-45, Ralph Lee Hopkins/NGS; 46 (top right), Flip Nicklin/Minden Pictures/NGS; 46 (center left), Patricio Robles Gil/Minden Pictures/NGS; 46 (center right), Mogens Trolle/SS; 46 (bottom left), Flip Nicklin/Minden Pictures/NGS; 46 (bottom right), Hiroya Minakuchi/Minden Pictures/NGS; 47 (top right), Peter G. Allinson, M.D./NGS; 47 (center), Hiroya Minakuchi/NGS; 47 (bottom left), Jiri Rezac/Greenpeace; 47 (bottom right), Igor Stevanovic/SS

# 이 책의 차례

동물의 대이동 .................... 4
거대한 향유고래의 몸 구석구석 .......... 8
무리 지어 사는 향유고래 .............. 16
향유고래가 좋아하는 먹이는? .......... 22
잠수 천재 향유고래 ................. 24
새끼는 어떻게 태어날까? ............. 28
10가지 향유고래 깜짝 지식! ........... 32
고래가 내는 소리 ................... 34
무시무시한 적들 .................... 36
고래를 지키자! ..................... 44
꼭 알아야 할 과학 용어 .............. 46
찾아보기 .......................... 48

# 동물의 대이동

어떤 동물이 살던 곳을 떠나 먼 데로 **서식지**를 옮기는 것을 **대이동** 또는 **이주**라고 해. 주로 먹이를 찾거나 **짝짓기**를 하려고 이동하지. 동물들의 이주는 살아남기 위한 행동이야.

많은 동물이 이주를 하면서 살아가. 그중 향유고래는 아주 멀리 이주하는 동물로 잘 알려져 있어.

무리 지어 이주 중인 향유고래

이주하는 누의 무리

크리스마스섬홍게 떼의 이주

### 고래 용어 풀이

서식지: 동물이나 식물이 살아가는 보금자리.

대이동: 동물 무리가 살던 곳을 떠나 다른 곳으로 가는 행동. '이주'라고도 한다.

짝짓기: 동물의 수컷과 암컷이 자손을 남기기 위해 짝을 이루는 일.

## 이 동물은 무엇일까?

몸길이가 스쿨버스보다도 길고,

지구에 사는 동물 가운데 뇌가 가장 커.

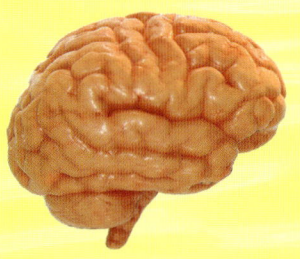

또 바닷속 아주 깊은 곳까지 잠수할 수 있어.

**Q** 돌고래가 돌을 버리면 뭐가 될까? **A** 고래

정답은 바로 향유고래야!
깊고 깊은 바닷속에 사는 신비로운 동물이지.
자, 우리 함께 향유고래를 만나러 바다로 떠나 볼까?

# 거대한 향유고래의 몸 구석구석

### 고래 용어 풀이

포식자: 다른 동물을 사냥해서 잡아먹는 동물.

향유고래는 정말 놀라운 동물이야. 지구에서 이빨이 있는 **포식자** 가운데 몸집이 가장 크지. 수컷은 보통 몸길이 17미터, 몸무게는 57톤까지 자란다니까! 어마어마하지?

### 향유고래의 몸집을 상상해 볼까?

인간이 향유고래와 나란히 서면 개미만큼 조그맣게 보일 거야.

향유고래는 박치기왕이야. 화가 나면 머리로 배를 쿵 들이받기도 하고, 수컷끼리 박치기로 승부를 겨뤄서 암컷을 차지하기도 해.

향유고래는 몸집만큼 머리도 무지무지 커. 머리가 몸길이의 3분의 1이나 차지하지.

깜짝 과학 발견

향유고래 뇌는 인간의 뇌보다 약 5배나 더 무거워.

뇌도 얼마나 커다랗게! 무게가 약 8킬로그램으로, 지구에 사는 모든 동물 가운데 가장 크고 무거워.

**깜짝 과학 발견**

향유고래의 이빨을 보면 나이를 알 수 있어. 해마다 이빨에 줄무늬가 한 줄씩 늘어나거든. 나무의 나이테처럼 말이야.

### 고래 용어 풀이

경랍: 향유고래의 머릿속에 있는 기름진 물질.

향유고래의 큰 머리에는 **경랍**이라고 하는 왁스 같은 물질이 가득 차 있어.

**Q** 고래끼리 시끄럽게 싸우는 모습을 네 글자로 말하면? **A** 왁자지껄

### 경랍은 어디에 쓰였을까?

옛날에는 경랍으로 화장품, 머릿기름, 연고, 양초 등을 만들었어. 18~19세기에 사람들은 경랍을 구하려고 향유고래를 마구 사냥했대.

경랍이 고래 몸속에서 어떤 일을 하는지는 밝혀지지 않았어. 하지만 고래가 물에서 뜨고 가라앉는 걸 조절하거나 큰 울음소리를 내게 한다고 짐작돼.

향유고래의 몸에는 또 어떤 특징이 있을까?

**몸무게:** 수컷은 57톤, 암컷은 44톤 정도
**몸길이:** 수컷은 17미터, 암컷은 12미터 정도
**수명:** 약 70년

**피부:** 짙은 회색이나 검은색이야. 말린 대추처럼 쪼글쪼글하게 주름져 있어.

**꼬리지느러미:** 한 시간에 37킬로미터를 이동하는 속도로 힘차게 물살을 갈라. 크기도 어찌나 큰지 가로 길이가 5미터쯤 돼.

**깜짝 과학 발견**
향유고래 심장의 평균 무게는 무려 약 125킬로그램이야. 인간 2명의 몸무게를 합친 것과 비슷해!

**가슴지느러미:** 헤엄칠 때 방향을 조절해.

**분기공:** 머리 위쪽에 있는 구멍으로, 향유고래가 숨 쉴 때 꼭 필요해. 물속에서 숨을 참다가 물 위로 올라와서 이 구멍으로 숨을 내쉬고 다시 신선한 공기를 들이마시지.

**머리:** 아주아주 크고 네모져. 이마는 둥글어.

**큰 이빨:** 위턱에는 이빨이 없어. 아래턱에만 뾰족뾰족한 이빨 36~50개가 나 있지. 향유고래는 육식 동물이야.

### 고래 용어 풀이

육식 동물: 동물의 고기를 먹고 사는 동물.

15

# 무리 지어 사는 향유고래

향유고래는 암컷과 수컷이 따로 무리를 짓고 살아.
암컷들은 새끼와 함께 15~20마리 정도가 모여 지내지.

이 무리를 이끄는 대장은 나이가 많은 암컷이야.
먹이가 풍부한 장소로 무리를 데리고 가는 역할을 해.

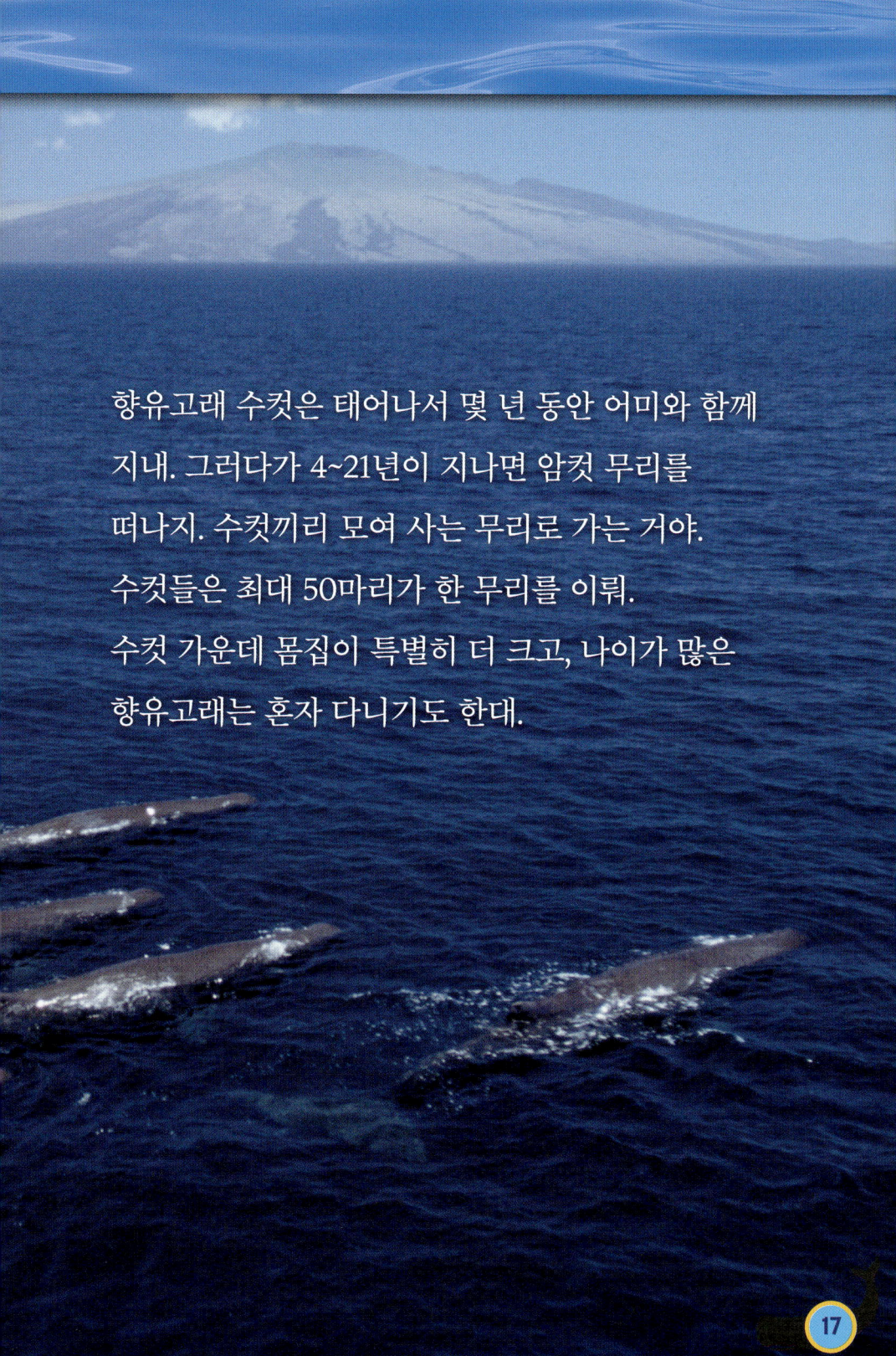

향유고래 수컷은 태어나서 몇 년 동안 어미와 함께
지내. 그러다가 4~21년이 지나면 암컷 무리를
떠나지. 수컷끼리 모여 사는 무리로 가는 거야.
수컷들은 최대 50마리가 한 무리를 이뤄.
수컷 가운데 몸집이 특별히 더 크고, 나이가 많은
향유고래는 혼자 다니기도 한대.

어느 정도 자라면 무리를 떠나는 수컷과 달리, 암컷으로 태어난 새끼는 계속 어미와 한 무리에서 지내.

향유고래가 이렇게 무리를 짓고 사는 이유는 뭘까?

향유고래 무리는 이동할 때 늘 같이 다녀. 병들거나 다친 고래와 새끼는 무리가 함께 돌보지. 또 먹이를 나눠 먹어서 무리에는 굶는 고래가 없어.

이렇게 향유고래 무리는 서로를 지켜 줘. 향유고래는 아주 먼 거리를 이주하며 살기 때문에 무리가 꼭 있어야 하지. 향유고래 한 마리가 살면서 이주한 거리를 다 합치면 지구를 여러 바퀴 돌고도 남는대!

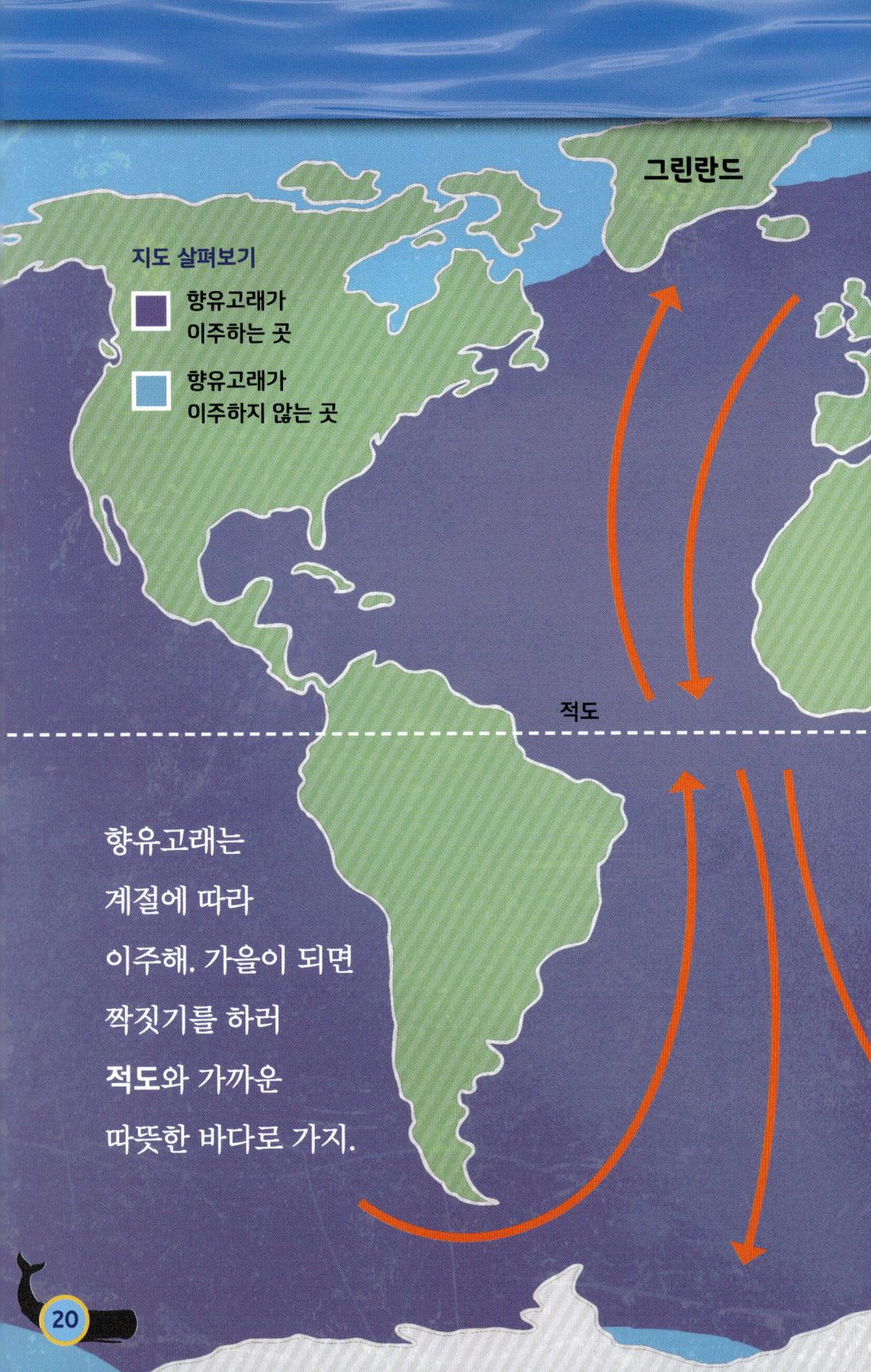

봄과 여름에는 적도를 벗어나
지구의 북쪽과 남쪽을 향해 멀리 헤엄쳐.
먹이를 찾으러 가는 거야.

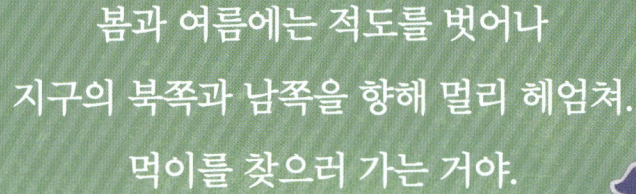

**고래 용어 풀이**

적도: 북극과 남극으로부터 같은 거리에 있는 점을 이은 선.

암컷과 새끼는 일 년 내내 적도 근처의
따뜻한 바다에서 주로
머물러. 하지만 수컷은
먼 바다로 나아가. 몸집이 클수록
더 멀리 이동하지. 북쪽으로는 그린란드까지,
남쪽으로는 남극 대륙까지 오간 향유고래
수컷도 있대!

남극 대륙

# 향유고래가 좋아하는 먹이는?

향유고래는 무지 많이 먹어. 매일 먹이를 약 900킬로그램쯤 먹는다나? 가장 좋아하는 먹이는 깊은 바다에 사는 커다란 오징어야. 하루에 오징어를 무려 700마리씩 먹어 치운대. 그 밖에도 문어, 물고기, 상어, 가오리까지 가리지 않고 잘 먹어.

깊은 바다에 사는 오징어

문어

물고기

가오리

넓디넓은 바다에는
먹잇감을 도무지 찾을
수 없는 곳도 있어.
그러면 먹잇감이
나타날 때까지
굶으면서 버텨야
하지. 하지만 걱정 마.
고래의 몸에는 두꺼운
**지방층**이 있어서
오랫동안 먹이를 먹지
않아도 잘 견딜 수
있거든.

### 고래 용어 풀이
지방층: 동물의 피부밑에 있는
지방으로 된 층.

# 잠수 천재 향유고래

향유고래가 좋아하는 먹잇감을 찾으려면 바닷속 깊은 곳으로 들어가야 해. 향유고래는 고래 가운데서도 바다 깊이 잠수하는 능력으로 소문이 자자하지. 바닷속 약 2250미터 깊이까지 내려갈 수 있다니까!

약 2250미터

**깊이를 재 볼까?**

바닷속 2250미터는 얼마만큼 깊을까? 우리나라에서 가장 높은 123층짜리 롯데월드타워 4개를 차곡차곡 쌓은 높이와 거의 같아. 와우!

**Q** 물 밖으로 못 나오는 오리는? **A** 가라오리

향유고래의 지방층은 잠수할 때도 도움이 돼. 바닷물은 깊이 들어갈수록 차가워지는데, 두께가 약 30센티미터나 되는 지방층이 향유고래의 몸을 따뜻하게 지켜 주거든.

향유고래는 물속에서 90분 가까이 숨을 참을 수 있어.
숨이 차면 바다 위로 올라와 약 10분 동안 머무르면서
숨을 쉬지. 그러고 나서 다시 물속으로 들어가.
향유고래는 숨을 쉬려고 하루 종일 이렇게 바다를
오르내려.

새끼는 숨을 오래 참지 못해서 깊은 곳까지 들어갈 수 없어. 숨을 쉬러 바다 위로 올라오는 데 시간이 한참 걸려서 위험할 수 있거든. 그래서 어미가 대신 먹이를 사냥해 줘. 새끼는 물 위쪽에서 어미가 먹이를 잡아 올 때까지 기다리지.

# 새끼는 어떻게 태어날까?

### 고래 용어 풀이

어류: 물속에 살면서 아가미로 숨을 쉬고, 등뼈가 있는 동물.

포유류: 인간, 개, 호랑이 등 새끼를 낳아 젖을 먹여 기르는 동물.

고래가 바다에 살아서 물고기와 같은 **어류**라고 생각하기 쉬워. 하지만 고래는 **포유류**에 속한단다! 물고기는 보통 알을 낳고 물속에서 편하게 숨을 쉬지만, 고래는 새끼를 낳아 젖을 먹여 기르고 물 밖에서 숨을 쉬지. 새끼는 태어나서 약 2년 동안 어미의 젖을 먹고 쑥쑥 자라.

새끼 고래는 어미 몸에서 꼬리지느러미부터 나와.
태어나자마자 곧장 물 위로 올라가 첫 숨을 쉬지.
그러고 나서 30분쯤 지나면 금세 헤엄치는 법을 배워.

향유고래의 몸은 새끼 때는 어두운 회색을 띠다가 대개 나이가 들수록 흰색에 가까워져.

새끼 고래도 우리처럼 노는 걸 참 좋아해. 어미 고래들이 물속 깊이 사냥하러 내려가 있는 동안 새끼들은 물 위쪽에서 장난을 치며 놀아.

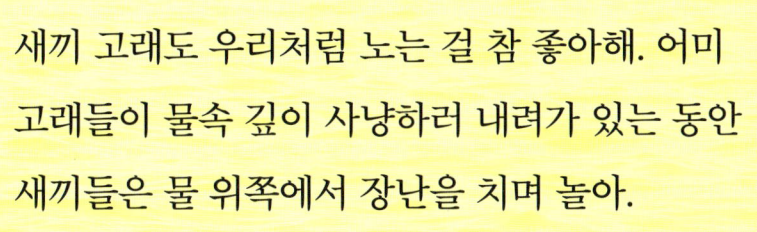

깜짝 과학 발견

향유고래 수컷은 50세가 되도록 계속 몸이 자라. 암컷은 30세쯤에 성장을 멈추지.

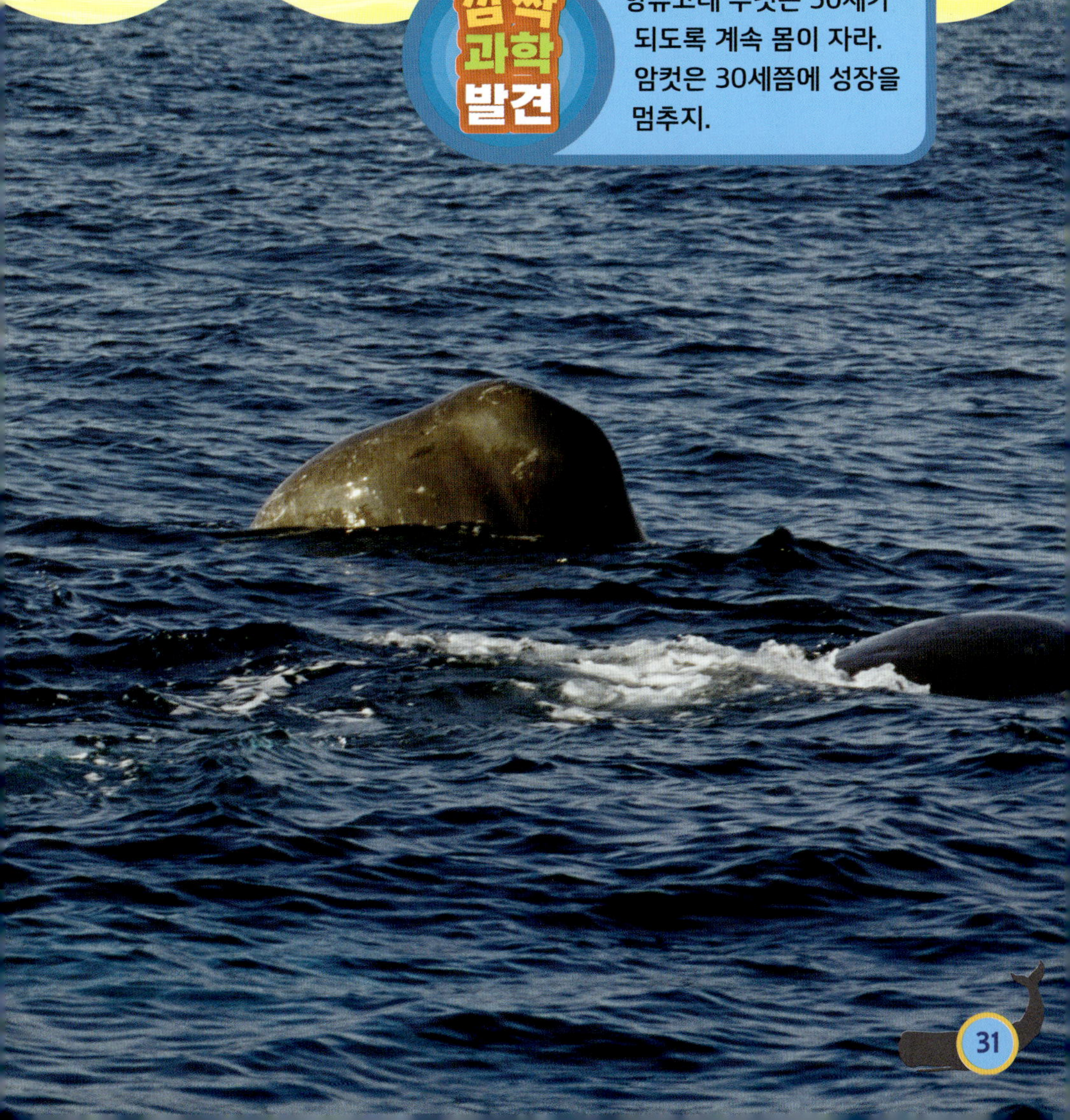

# 10가지 향유고래 깜짝 지식!

**1** 갓 태어난 향유고래는 몸무게가 900킬로그램, 몸길이는 4미터쯤 돼.

**2** 잠수하는 동안 향유고래의 심장은 몹시 느리게 뛰어. 숨 쉴 때 필요한 산소를 아끼는 거야.

**3** 향유고래는 이빨 한 개의 무게가 900그램, 길이는 20센티미터 정도야.

**4** 향유고래가 숨을 쉬는 기관인 분기공은 알파벳 S 자 모양이야.

**5** 향유고래는 꼬리지느러미를 물 위로 철썩 내려치곤 해. 그 이유는 밝혀지지 않았어. 어떤 과학자는 이게 향유고래끼리 의사소통하는 방법일 거래.

**6** 향유고래의 경랍은 0도에서도 얼지 않아.

**7** 향유고래는 눈이 거대한 머리의 뒤쪽에 달려 있어. 그래서 입이 있는 앞쪽은 잘 보지 못해.

**8** 예전에 사람들은 향유고래의 뱃속에서 생기는 용연향이라는 물질로 향수를 만들었어.

**9** 1851년에 출간된 『모비 딕』이라는 유명한 소설에는 거대한 고래가 나와. 주인공 어부가 쫓는 고래가 바로 향유고래야!

**10** 향유고래는 숨 쉬러 올라올 때를 빼면 주로 깊은 바닷속에서 지내. 사람이 가기 힘든 깊은 곳이어서 향유고래는 연구하기가 어려운 동물이래.

# 고래가 내는 소리

향유고래는 딸깍거리는 소리로 의사소통을 해.
이 소리는 **반향정위**에도 쓰이지.

박쥐나 고래가 어둠 속에서 소리로 길이나 물체를
찾는 방법을 반향정위라고 해. 향유고래가 딸깍
소리를 내면 그 소리가 주변으로 퍼져 나가. 그러다가
어떤 물체에 부딪히면 튕겨서 다시 돌아오지.
향유고래는 되돌아온 소리를 듣고, 딸깍 소리가
부딪힌 물체의 크기와 위치를 알게 되는 거야.

**Q** 고래가 소풍 갈 때 챙기는 간식은?   **A** 고래2밥

**고래 용어 풀이**

반향정위: 소리가 물체에 부딪혀 되돌아오는 것을 듣고 물체가 있는 곳을 알아내는 방법.

향유고래는 반향정위로 주로 아래의 세 가지 일을 한단다!

① 깊고 어두운 바닷속에서 길 찾기.

② 주변에 있는 먹잇감 찾기.

③ 새끼가 물 위쪽에서 잘 기다리고 있는지 살피기.

# 무시무시한 적들

대왕오징어는 향유고래가 가장 좋아하는 먹이야. 하지만 아무리 향유고래가 강해도 몸집이 큰 대왕오징어를 사냥하는 일은 쉽지 않아.

**괴물 같은 오징어가 나타났다!**
대왕오징어는 몸길이가 18미터까지 자라고, 몸무게는 900킬로그램이 훌쩍 넘어. 몸길이는 6층짜리 건물 높이만 하고, 몸무게는 남자 어른 10명을 합친 것보다 훨씬 무거워.

**깜짝 과학 발견**
대왕오징어의 눈알은 전 세계 모든 동물 가운데 가장 커. 지름이 약 25센티미터나 된다고.

가끔 향유고래 몸에 난 큼직한 빨판 자국을 보면
대왕오징어와 거칠게 싸운 걸 알 수 있지.

사나운 범고래도 향유고래의 적이야. 범고래가
공격하면 향유고래 무리는 병들거나 어린 고래를
안쪽에 두고 에워싸. 약한 고래를 지키려는 거야.
그리고 나서 커다란 꼬리지느러미를 휘두르며
범고래와 맞서 싸워!

그린피스(GREENPEACE)는 세계적인 환경 보호 단체야. 사진 속에 'RESEARCH'라고 쓰인 배는 바다를 연구하는 배처럼 겉모습을 꾸민 고래잡이배지. 그린피스는 이런 배들을 찾아서 고래를 지키는 일도 해.

인간도 향유고래를 해치는 적이야. 1700년대부터 1900년대까지 많은 고래가 인간한테 사냥당해 죽었어. 예전에는 고래기름으로 등불을 켰거든. 특히 향유고래만 노리는 **고기잡이배**가 많았대. 향유고래 몸에서 나오는 경랍과 용연향은 쓸모가 많았으니까.

**고래 용어 풀이**
고래잡이배: 고래를 잡으려고 특별한 장비를 갖춘 배. 포경선이라고도 한다.

이후 다른 기름으로 등불을 켤 수 있게 되면서 고래 사냥이 조금 줄어들었어. 1980년대에는 전 세계 나라 대부분이 고래잡이를 법으로 강하게 막았지. 그 뒤로 향유고래의 수가 늘었어. 하지만 아직도 몰래 고래를 잡는 사람들이 많다고 해.

**깜짝 과학 발견**
지금까지 사람들한테 사냥당해 죽은 향유고래가 무려 100만 마리도 넘는대!

또 인간이 **오염**시킨 바다 때문에 고래를 비롯한 수많은 바다 생물이 병들거나 죽고 있어. 공장에서 몰래 버리는 더러운 물, 배에서 흘러나온 기름, 바다에 버린 비닐봉지와 플라스틱 쓰레기 등이 바다 환경을 파괴한 거야.

**고래 용어 풀이**
오염: 지구의 물, 땅, 공기 등이 더러워지는 일.

한편 고래가 육지 가까이 왔다가 스스로 위험에 빠지기도 해. 몸집이 거대한 고래는 바닷가의 얕은 물에서는 제대로 헤엄칠 수 없거든. 그래서 바다 쪽으로 돌아가지 못하고 죽게 되는 고래들이 있대.

### 고래가 왜 바닷가로 올까?

과학자들도 깊은 바다에 사는 고래가 어째서 육지 가까이 오는 위험한 행동을 하는지 정확히 알지 못해. 인간이 물속에서 내는 큰 소리나 환경 오염, 기후 변화 때문이라고 짐작할 뿐이야.

하지만 희망적인 소식도 있어! 전 세계의 환경 단체들이 바다 오염을 막으려고 애쓰고 있다는 거야. 사람들은 비닐봉지나 일회용품 사용을 줄이려고 하지. 이것들은 환경을 오염시키고, 바다로 들어가면 바다 생물을 해치기도 하거든.

과학자들도 고래가 바닷가에서 죽지 않도록 열심히 연구하고 있어. 고래가 왜 방향을 잃고 얕은 바다로 나오는지 알아내려고 고래가 주로 갇히는 곳의 환경을 꼼꼼하게 조사해. 또 위험에 처한 고래를 빠르게 구조하는 로봇을 만들고 있지.

> **깜짝 과학 발견**
> 1820년에 향유고래가 미국의 고래잡이배 엑식스호를 들이받은 적이 있었어! 향유고래 수컷이 배를 강하게 두 번 들이받자 배가 부서지면서 물에 가라앉고 말았대.

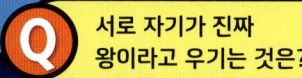 

다행히도 사람들의 이런 노력으로 향유고래의 수가 조금씩 늘고 있어.

2009년부터 2018년까지 9년 동안 미국 캘리포니아주 동쪽 바다에 사는 향유고래의 수가 무려 8배나 늘었대!

# 고래를 지키자!

향유고래가 바다에서 건강히 살 수 있도록 우리도 힘을 보태야 해. 바닷가에 버려진 쓰레기 줍기처럼 작은 행동부터 실천해 보면 어떨까?

고래를 비롯한 야생 동물 보호에 앞장서는 세계적인 단체들도 알아 두면 좋겠지?

### 내셔널지오그래픽 협회 (National Geographic Society)
지구의 깨끗한 환경을 지키고, 환경 오염을 막는 연구를 해. 동물들을 보호하는 다양한 활동도 하지.

### 세계자연기금 (World Wildlife Fund)
멸종 위기에 처한 동물들을 지키는 활동을 주로 펼치고 있어.

### 국제 동물복지기금 (International Fund for Animal Welfare)
위험에 처한 동물을 구조하고, 동물들의 서식지를 지키는 활동을 해.

# 꼭 알아야 할 과학 용어

대이동(이주): 동물 무리가 살던 곳을 떠나 다른 곳으로 가는 행동.

짝짓기: 동물의 수컷과 암컷이 자손을 남기려고 짝을 이루는 일.

포식자: 다른 동물을 사냥해서 잡아먹는 동물.

경랍: 향유고래의 머릿속에 있는 기름진 물질.

육식 동물: 동물의 고기를 먹고 사는 동물.

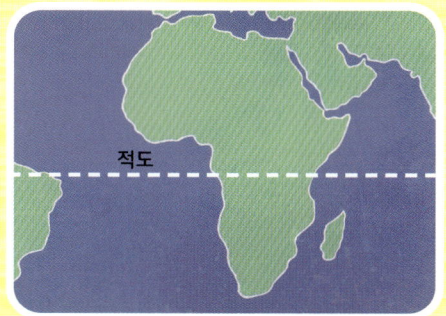
적도: 북극과 남극으로부터 같은 거리에 있는 점을 이은 선.

지방층: 동물의 피부밑에 있는 지방으로 된 층.

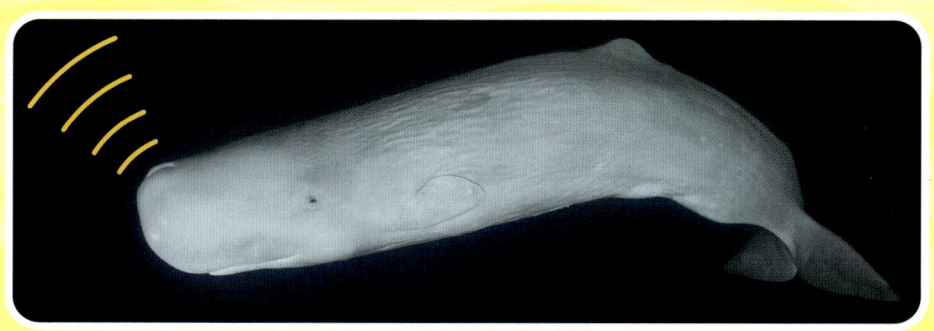
반향정위: 소리가 물체에 부딪혀 되돌아오는 것을 듣고 물체가 있는 곳을 알아내는 방법.

고래잡이배: 고래를 잡으려고 특별한 장비를 갖춘 배.

오염: 지구의 물, 땅, 공기 등이 더러워지는 일.

# 찾아보기

**ㄱ**
가슴지느러미 15
가오리 22, 23
경랍 12, 13, 33, 39
계절 20
고래기름 39
고래잡이배 38, 39, 42
그린란드 20, 21
그린피스 38
꼬리지느러미 14, 30, 32, 37

**ㄴ**
남극 대륙 21
뇌 6, 11
누 5
눈알 36

**ㄷ**
대왕오징어 36, 37
대이동 4, 5

**ㅁ**
머리 10, 12, 15, 33
모비 딕 33
무리 4, 5, 16, 17, 18, 19, 37
문어 22, 23

**ㅂ**
반향정위 34, 35
분기공 15, 32

**ㅅ**
상어 22
서식지 4, 5, 45
심장 14, 32

**ㅇ**
어류 28, 29
오염 40, 42
용연향 33, 39
울음소리 13
육식 동물 15
이빨 9, 12, 15, 32
이주 4, 5, 19, 20

**ㅈ**
잠수 6, 24, 25, 32
적도 20, 21
지방층 23, 25
짝짓기 4, 5, 20

**ㅋ**
크리스마스섬홍게 5

**ㅍ**
포식자 9
포유류 28, 29
피부 14

**ㅎ**
환경 오염 41, 45